Sophie Laroche - Joëlle Dreidemy

À l'école !

Vive la cantine !

Texte : Sophie Laroche.
Illustrations : Joëlle Dreidemy.
Conception graphique : Audrey Thierry.

Hachette Livre, 58, rue Jean-Bleuzen, 92178 Vanves Cedex.

Sophie Laroche - Joëlle Dreidemy

À l'école !

Vive la cantine !

hachette
JEUNESSE

LA FAMILLE LACHANCE

Clara

La sœur bavarde
qui déborde
d'imagination !

Émile

Le frère sportif qui déteste
se faire remarquer.

Betty

La maman, très coquette et plutôt discrète, qui tient un salon de toilettage pour chiens.

Jean-Loup

Le papa qui aime faire des blagues et qui conduit des bus. Des vrais !

Ciboulette

Samantha

La grande sœur de CM2, râleuse (mais toujours de bon conseil).

Rosalie

La petite sœur qui ne sait dire qu'une chose : « Areu areu ! »

LA CLASSE
DE MADAME NOTE-SEC
Madame Note-sec
La maîtresse qui crie beaucoup, mais qui n'est pas méchante. Il paraît que c'est pour se faire entendre...
Lino
Ne JAMAIS rien lui dire : Lino rapporte tout à la maîtresse !
Agnès
La première de la classe (et donc la chouchoute). Elle a toujours raison, et c'est énervant.

Julien

Il n'a pas de très bonnes notes et ça tombe mal, car c'est le fils de la directrice. Julien est très rigolo et surtout, il croit tout ce qu'on lui dit !

Simon

Le voisin d'Émile et de Clara, et le meilleur ami d'Émile. Il passe tout son temps avec les jumeaux Lachance !

Yasmine

La meilleure amie (du monde entier) de Clara.

À L'ÉCOLE

Anna

Elle s'occupe des élèves au périscolaire.
Tous les élèves l'adorent. Normal :
elle est SUPER gentille et TROP belle.

Marie Covert

La directrice insiste pour se faire appeler « madame Covert ». Elle est très sévère et voit toutes les bêtises. Il paraît même qu'elle a des yeux derrière la tête…

Monsieur Minerve

Le professeur de sport est aussi musclé que maladroit, ce qui fait beaucoup rire ses élèves. Il adore Émile, qui est son meilleur élève.

Nadine Sapin

La vieille gardienne pense que tout était mieux avant. Même les élèves. Enfin sauf Yasmine, qu'elle adore !

CHAPITRE 1

Le menu du jour

Trois enfants marchent sagement, cartable sur le dos, vers l'école. Voilà une scène tout à fait normale, non ? Eh bien pas du tout ! Parce que ces trois écoliers sont Émile, Clara et Simon (leur voisin et copain). Hier encore, sur le même trottoir, ils sautillaient en riant !

Mais ce matin, les épaules basses, Simon accompagne chacun de ses pas lents d'un profond soupir.

Les jumeaux, eux, ne savent plus comment l'amuser.

Émile tente de le faire sourire :

– Alors Simon, tu as mis des pierres dans ton sac à la place des cahiers ?

Sa blague est bonne.

La preuve : Clara éclate de rire ! Simon, lui, ne desserre pas les dents. Le frère et la sœur échangent un regard… Ils sont d'accord : l'heure est grave ! Il est temps de passer à l'action.

(Oui, ils se parlent avec les yeux, privilège de jumeaux ! En revanche, ils ne se voient pas par les oreilles. Il ne faut pas exagérer !)

D'un bond, ils se plantent devant Simon.

– Dis-nous ce qui se passe !

Simon hésite, puis éclate :

– Ma mamie ne sera pas chez elle ce midi, alors je mange à la cantine ! hurle-t-il si fort que la dame qui se garait le long du trottoir d'en face heurte la voiture devant elle.

Les jumeaux, eux, éclatent de rire. Et cela n'a rien à voir avec le mini-carambolage. Émile retrouve son sérieux en premier.

– Tu manges à la cantine, et alors ? questionne-t-il.

– Alors j’ai peur ! s’énerve Simon, si calme il y a trente secondes encore.

– Peur de la cantine ? s’étouffe presque Clara. Pourquoi ?

Simon grimace.

– Parce que je sais comment ça se passe ! Il faut porter son plateau sans le faire tomber, comme les serveurs au restaurant. Certains CM2 mangent tous les repas des CP et des CE1... Et il paraît que quand le cuisinier est de mauvaise humeur, il met du vinaigre dans les pâtes !

Nouvel échange de regards bavards entre les jumeaux. C'est vrai qu'il faut faire attention avec son plateau, c'est vrai que certains CM2 piquent des frites le jour où il y en a, et c'est aussi vrai qu'un jour, le cuisinier a menacé de mettre du vinaigre dans leurs pâtes. Mais c'était uniquement parce que des enfants se plaignaient de sa sauce ! Et c'était une blague, bien sûr, il ne l'a jamais fait !

Alors Émile et Clara consacrent tout le reste du trajet à rassurer Simon : tout va **très bien** se passer. Les jumeaux mangent à la cantine depuis la maternelle, et ils adorent ça. Ça laisse plein de temps pour jouer, la crème aux œufs est délicieuse, et on n'est pas obligé de se brosser les dents après le repas.
Pas comme à la maison !

Et ça marche : Simon arrive devant le portail de l'école, les épaules hautes et le regard fier.

– À moi la cantine ! s'exclame-t-il sous le regard étonné d'une maman. (Oui, celle qui avait garé sa voiture avec quelques difficultés !)

Puis, tout à coup, Simon se dégonfle comme un ballon de baudruche.

– Qu'est-ce qui se passe ? s'inquiètent d'une seule voix Émile et Clara.

Leur ami pointe du doigt l'affiche du menu du jour.

– Je déteste les haricots verts !

CHAPITRE 2

Une idée de génie

Simon n'aime pas les haricots verts, c'est tout, c'est comme ça. Émile lui suggère de les manger en se bouchant le nez et en fermant les yeux. Clara lui propose de les mettre dans du pain pour en faire un sandwich.

Mais Simon refuse d'écouter les conseils de ses amis : rien que d'imaginer l'assiette de ce midi remplie de ces horreurs vertes, il a envie de vomir !

Pendant la classe, Simon a du mal à se concentrer. Il ne songe qu'à la cantine, au plateau à porter, aux CM2 à éviter et à l'abominable menu ! Résultat : quand la maîtresse l'interroge, il n'entend pas.

Madame Note-sec le menace, exaspérée :

– Simon ! Tu vas finir chez madame Covert si tu continues !

– Ah non, pas de haricots verts ! gémit Simon.

Ses camarades rient.

La maîtresse, elle, est sidérée : oui, la directrice s'appelle madame Covert, seulement son prénom est un secret bien gardé : Marie Covert. C'est un jeu de mots trop drôle pour une directrice qui se montre sévère devant les élèves !

Mais étrangement, Simon ne semblait pas se moquer…

Madame Note-sec décide donc de continuer sa leçon.

A
a

Heureusement, la récréation arrive. Simon va jouer au ballon avec Émile, ça lui changera les idées. Seul problème : son copain est introuvable ! Simon questionne Clara, elle sait toujours où est son frère.

Privilège de jumeaux ! Mais Clara n'a pas de temps à lui consacrer. Non, elle ne sait pas où est Émile, et non, elle ne va pas le chercher. Elle est trèèèèèès occupée.

Bredouille et boudeur, Simon repart, quand il aperçoit enfin Émile. Il est en train de discuter avec Samantha, sa grande sœur. Son copain préfère passer du temps avec elle plutôt que de jouer avec lui ? C'est vraiment une journée pourrie !

Heureusement, Julien l'interpelle :

– Tu viens ?

Quelques passes avec les copains et Simon se sent mieux ! Quand la classe reprend, il a retrouvé le sourire. Mais celui-ci s'efface au fur et à mesure que les deux aiguilles de l'horloge au-dessus du tableau se rapprochent l'une de l'autre : bientôt la cantine…

La sonnerie de midi déclenche des gargouillis dans le ventre du garçon. D'habitude, c'est la faim. Aujourd'hui, c'est la peur ! Quand il sort dans la cour, il sent des bras qui attrapent les siens : Émile et Clara l'entourent.

– Allez, on y va ! annonce son copain.

Arrivés devant le réfectoire, les jumeaux s'arrêtent face au menu. Simon, lui, détourne le regard : pas la peine de relire sa torture !

Clara insiste :

– Simon, tu devrais quand même vérifier.

Ça alors ! La triste affiche a été remplacée par une autre, pleine de petits dessins.

Et surtout, le menu n'est plus le même. Plus question de carottes râpées, mais de « friandises pour lapin qui a mal aux dents ». L'omelette a été remplacée par « une maladresse de coq jongleur ».
Et surtout, les haricots verts ont disparu ! Ce midi, les enfants vont manger des « vers de terre ».

Au sourire victorieux que Clara affiche, Simon comprend : elle a inventé ce nouveau menu pendant

la récréation. C'est pour cela qu'elle était si occupée !

Clara lui confirme son intuition d'un clin d'œil.

– J'ai fini pendant la classe, et Julien est allé l'accrocher pendant qu'on t'accompagnait jusqu'ici.

Simon ne sait pas quoi penser. Une affiche rigolote, ça ne changera pas le goût des haricots verts, si ? Quoique…

Pourquoi pas ? C'est un garçon déterminé qui pousse la porte du réfectoire. Et là, une autre surprise l'attend !

CHAPITRE 3

À table !

À l'entrée, Simon est attendu par deux élèves de CM2. Et pas n'importe lesquels : Olivier et Samir. Olivier est capable de tenir une minute en équilibre sur ses mains, la tête en bas, les pieds en l'air. Samir, lui, court le plus vite de toute l'école !

Tout le monde les admire. Coup de chance : ce sont aussi les copains de Samantha. La sœur aînée des jumeaux lance un sourire complice à Émile. Olivier et Samir, eux, font un clin d'œil à Simon. Mission accomplie : le petit garçon n'aura pas peur d'être bousculé dans la queue de la cantine puisqu'il est avec eux !

Plus tard, Simon est encore impressionné en prenant son plateau, mais plus il avance dans le self-service, plus il se sent à l'aise.

Et c'est un Simon très sûr de lui qui suit Émile et Clara jusqu'à la table où ils ont l'habitude de s'installer.

Là, une nouvelle surprise attend Simon. Ou plutôt... ses copains l'attendent !

– Super !

Pour manifester sa joie, le garçon esquisse un geste de l'avant-bras, poing fermé. Et pour cela, il lâche son plateau d'un côté... Oups, son verre glisse vers le bord !

Heureusement, Clara rétablit l'équilibre : catastrophe évitée !

– Ça ne sert à rien de renverser ton assiette pour éviter les haricots. Les dames de la cantine te resserviraient ! plaisante-t-elle.

Émile grimace : sa sœur est la reine des gaffeuses ! Tout se passait bien et elle reparle des haricots verts. Les copains fixent tous le visage de Simon. Le garçon rigole. Ouf ! Et, magie, tout le repas se déroule dans la bonne humeur.

Simon hésite avant de porter la première fourchette de légumes à sa bouche, Émile et Clara le remarquent. Puis il en avale plusieurs bouchées sans reprendre son souffle.

Ensuite, Simon pose ses couverts. Il reste la moitié de sa part dans son assiette... Entre deux plaisanteries avec les copains, il regarde du coin de l'œil l'ennemi toujours en place : les haricots verts.

Clara soupire alors très fort.

– Oh je regrette, j'aurais dû prendre plus de légumes ! Personne ne veut me donner sa pa...

Elle n'a pas le temps de finir sa phrase que les haricots de son voisin atterrissent dans

son assiette. Cette fois, c'est un grand sourire qu'Émile adresse à sa sœur : c'est une championne ! Simon, lui, n'en revient pas : c'est chouette la cantine, même les jours de… vers de terre !

Dans la bonne humeur,
les estomacs se remplissent,
les assiettes se vident et
Émile donne le signal.

– On va jouer au foot ?

– Oui ! s'écrie Simon, enthousiaste.

La petite bande se lève. Les enfants attrapent les plateaux et se dirigent vers l'endroit où il faut les déposer. Avant de prendre le sien, Simon balaie du regard le réfectoire : finalement, c'est chouette, la cantine !

Émile le sort de sa rêverie :

– Simon, dépêche-toi !

Mais Émile s'est un peu trop précipité. Ô malheur ! Ô imprudence ! Son verre entame une glissade, puis un grand saut dans le vide... Le garçon est littéralement figé sur place : la catastrophe est inévitable !

CHAPITRE 4

Mission accomplie

Et pourtant… La catastrophe est évitée. Aucun éclat de verre sur le sol. Comment est-ce possible ?

Simon affiche un grand sourire. Il tient à la main le verre de son ami. Il n'avait pas encore attrapé son plateau quand le verre d'Émile a commencé à glisser.

Résultat : les mains libres, il a pu se précipiter pour l'attraper au vol. Émile est encore estomaqué. Clara, elle, sautille de joie sur place.

– Simon, tu es le héros de la cantine !

Pendant l'après-midi, Simon peine encore à se concentrer sur la leçon.

Quand Émile lui demande pourquoi il gesticule ainsi, il lui murmure :

– J'ai un bout de haricots coincé entre les dents.

Sur le chemin de retour de l'école, deux écoliers marchent en silence : Clara et Émile. Les jumeaux se regardent, amusés : ils n'arriveront pas à placer un mot. Devant eux, Simon marche la tête haute. Il leur raconte pour la troisième fois la fantastique journée qu'il a passée, et se retourne de temps en temps pour vérifier qu'ils écoutent bien.

Arrivés en bas de leur immeuble, il gonfle la poitrine.

– Vous savez, je vous ai fait marcher. Je n'avais pas peur de la cantine, et j'aime les haricots verts ! C'est moi qui vous ai eus.

Les jumeaux sont d'abord étonnés. Simon les a pris à leur propre piège ? Émile a une idée pour le vérifier.

– Ah bon ? s'étonne-t-il. Alors la prochaine fois que tu viendras sonner chez nous juste avant le repas parce que tu as senti l'odeur des frites de maman,

je lui dirai de te faire des haricots verts à la place !

– Oh non ! le supplie Simon.

Les trois amis montent les escaliers en riant.

Le lendemain matin, c'est un Simon de nouveau abattu qui attend ses amis devant leur porte. Cette fois, les jumeaux décident de régler la question tout de suite.

– Alors, c'est quoi le problème aujourd'hui ? questionne Clara.

– Je croyais que tu n'avais plus peur de la cantine ! ajoute Émile.

– Justement, gémit Simon. Je n'y mange pas à midi !

FIN

POUR TOUT SAVOIR
SUR TES SÉRIES PRÉFÉRÉES,
VA SUR LE SITE :
WWW.BIBLIOTHEQUE-ROSE.COM

AS-TU LU
LE PREMIER TOME ?

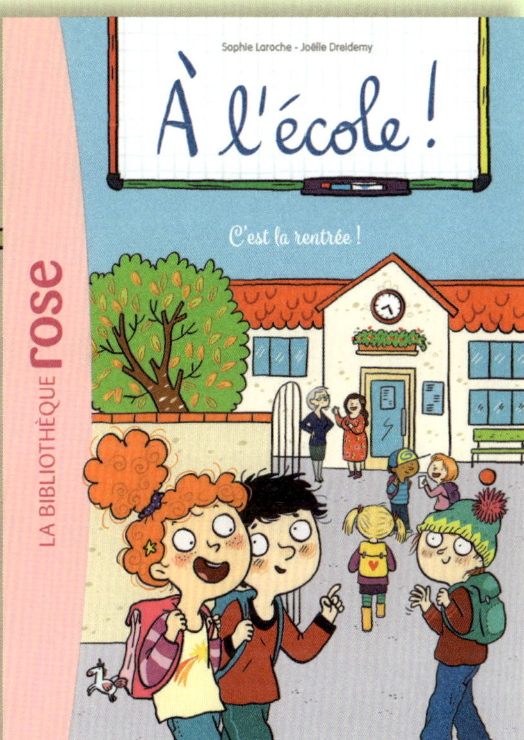

TABLE

CHAPITRE 1

Le menu du jour 11

CHAPITRE 2

Une idée de génie 23

CHAPITRE 3

À table ! 39

CHAPITRE 4

Mission accomplie 51

PAPIER À BASE DE FIBRES CERTIFIÉES

hachette s'engage pour l'environnement en réduisant l'empreinte carbone de ses livres. Celle de cet exemplaire est de :
200 g éq. CO_2
Rendez-vous sur www.hachette-durable.fr

Photogravure Nord Compo - Villeneuve-d'Ascq

Imprimé par Rotolito Romania en Roumanie
Dépôt légal : novembre 2020
Achevé d'imprimer : octobre 2020
62.7248.7/01 – ISBN 978-2-01-713102-1
Loi n° 49956 du 16 juillet 1949
sur les publications destinées à la jeunesse

TABLE

CHAPITRE 1

Le menu du jour 11

CHAPITRE 2

Une idée de génie 23

CHAPITRE 3

À table ! 39

CHAPITRE 4

Mission accomplie 51

hachette s'engage pour l'environnement en réduisant l'empreinte carbone de ses livres. Celle de cet exemplaire est de :
200 g éq. CO_2
Rendez-vous sur
www.hachette-durable.fr

PAPIER À BASE DE FIBRES CERTIFIÉES

Photogravure Nord Compo - Villeneuve-d'Ascq

Imprimé par Rotolito Romania en Roumanie
Dépôt légal : novembre 2020
Achevé d'imprimer : octobre 2020
62.7248.7/01 – ISBN 978-2-01-713102-1
Loi n° 49956 du 16 juillet 1949
sur les publications destinées à la jeunesse